www.ingramcontent.com/pod-product-compliance
Ingram Content Group UK Ltd.
Pitfield, Milton Keynes, MK11 3LW, UK
UKHW050142280726
14058UKWH00006B/779

9 786035 033190

حكاياتي

قصص تربوية للأطفال

# الصَّدِيقَات

تأليف: عُمَر الصَّاوي

رسوم: فايزة نوار

العبيكان
Obeikan

فِي فِنَاءِ المَدْرَسَةِ، ذِكْرَى تَلْعَبُ بِالكُرَةِ مَعَ صَاحِبَاتِهَا: مَرْيَمَ، وَرِيمٍ، وَمَهَا.

ذِكْرَى سَعِيدَةٌ سَعِيدَةٌ، تَتَقَافَزُ فِي فَرَحٍ. كُلُّ البَنَاتِ سَعِيدَاتٌ.

أَمَّا لَيْلَى فَتَجْلِسُ عَلَى كُرْسِيٍّ مُتَحَرِّك، لا تَسْتَطِيعُ الوُقُوفَ عَلَى رِجْلَيْهَا. اقْتَرَبَتْ لَيْلَى مِنَ الصَّدِيقَاتِ، وَقَالَتْ: (أُرِيدُ أَنْ أَلْعَبَ مَعَكُنَّ).

نَظَرَتِ الصَّدِيقَاتُ إِلَى لَيْلَى بِانْدِهَاشٍ، وَأَشَارَتْ مَهَا إِلَى رِجْلَيْهَا المَشْلُولَتَيْنِ، وَقَالَتْ لَهَا بِاسْتِغْرَابٍ: (كَيْفَ!! أَنْتِ لَا تَسْتَطِيعِينَ اللَّعِبَ مِثْلَنَا).

خَجِلَتْ لَيْلَى، وَأَخَذَتْ تَقُولُ بِصَوْتٍ حَزِينٍ: (مَاذَا أَفْعَلُ؟ أَنَا مِثْلُكُنَّ، أُرِيدُ أَنْ أَلْعَبَ).

وَأَخَذَتْ تَبْكِي، وَالدُّمُوعُ تَجْرِي عَلَى خَدَّيْهَا.

شَعَرَتْ ذِكْرَى بِالحُزْنِ مِنْ أَجْلِ لَيْلَى، وَأَشْفَقَتْ عَلَيْهَا، فَعَانَقَتْهَا، وَأَخَذَتْ تُقَبِّلُهَا فِي حَنَانٍ، وَتَقُولُ لَهَا: (لَا تَحْزَنِي يَا صَدِيقَتِي، لَا تَحْزَنِي).

وَأَخَذَتْ تُرَبِّتُ عَلَى كَتِفِهَا فِي حَنَانٍ، وَتَقُولُ: (لَا عَلَيْكِ، أَنَا سَأَلْعَبُ مَعَكِ).

وَأَحْضَرَتِ الكُرَةَ، وَأَخَذَتْ تَرْمِيهَا إِلَيْهَا بِرِفْقٍ، لِكَيْ تُشَجِّعَهَا.

شَيْئًا فَشَيْئًا هدَأَتْ لَيْلَى، وَجَفَّفَتْ دُمُوعُهَا بِالمِنْدِيلِ، وَبَدَأَ الحُزْنُ يَذْهَبُ عَن وَجْهِهَا، وَيَحلُّ مَحَلَّهُ ابْتِسَامَةٌ رَقِيقَةٌ، وَبَدَأَتْ تَتَجَاوَبُ فِي اللَّعِبِ مَعَ ذِكْرَى.

فِي البِدَايَةِ كَانَتِ الكُرَةُ تَسْقُطُ مِنْ لَيْلَى، وَلَكِنَّهَا ظَلَّتْ تُحَاوِلُ وَتُحَاوِلُ، وَذِكْرَى تُشَجِّعُهَا، وَتُصَفِّقُ لَهَا، وَتَقُولُ: (أَحْسَنْتِ يَا لَيْلَى، حَاوِلِي مَرَّةً أُخْرَى، حَاوِلِي، أَحْسَنْتِ).

بَعْدَ وَقْتٍ، صَارَتْ لَيْلَى مَاهِرَةً، صَارَتْ تَتَحَرَّكُ بِالكُرْسِيِّ بِسُرْعَةٍ، وَفِي كُلِّ اتِّجَاهٍ، وَتَلْتَقِطُ الكُرَةَ بِيَدَيْهَا، وَتَرْمِيهَا إِلَى ذِكْرَى، وَذِكْرَى تَلْتَقِطُهَا وَتَرْمِيهَا إِلَيْهَا.

وَعِنْدَمَا كَانَتِ الكُرَةُ تَسْقُطُ عَلَى الأَرْضِ كَانَتْ ذِكْرَى تَجْرِي وَرَاءَهَا وَهِيَ تَقُولُ:

(أَنَا أُحْضِرُهَا لَكِ يَا لَيْلَى، أَنَا أُحْضِرُهَا لَكِ).

ظَلَّتْ ذِكْرَى تُلَاعِبُ لَيْلَى وَتُشَجِّعُهَا حَتَّى صَارَتْ لَيْلَى تُجِيدُ اللَّعِبَ مِثْلَ بَقِيَّةِ البَنَاتِ، وَأَخَذَتْ تَضْحَكُ وَتُصَفِّقُ فِي سَعَادَةٍ.

أَمَّا البَنَاتُ فَوَقَفْنَ مُنْدَهِشَاتٍ، يَنْظُرْنَ إِلَى لَيْلَى بِإِعْجَابٍ، وَيَشْعُرْنَ بِالخَجَلِ؛ لأَنَّهُنَّ سَبَّبْنَ لَهَا الحُزْنَ، وَلَمْ يُسَاعِدْنَهَا وَيُشَجِّعْنَهَا، كَمَا فَعَلَتْ ذِكْرَى.

اقْتَرَبَتْ مَهَا، وَقَالَتْ: أَنَا آسِفَةٌ يَا لَيْلَى؛ لأَنَّنِي سَبَّبْتُ لَكِ الأَلَمَ، وَلَمْ أَلْعَبْ مَعَكِ.

وَاقْتَرَبَتْ رِيمُ، وَقَالَتْ: وَأَنَا كَذَلِكَ أَعْتَذِرُ لَكِ يَا لَيْلَى.

وَاقْتَرَبَتْ مَرْيَمُ مِنْ لَيْلَى وَقَبَّلَتْهَا، وَقَالَتْ لَهَا: (ابْتِسَامَتُكِ جَمِيلَةٌ يَا لَيْلَى، فَلَا تُكَشِّرِي أَبَدًا، وَلَا تُضَيِّعِي هَذِهِ الابْتِسَامَةَ الرَّائِعَةَ).

وَأَخَذَتْ ذِكْرَى تُصَفِّقُ وَتَتَقَافَزُ فِي سَعَادَةٍ، وَهِيَ تَقُولُ: (كُلُّنَا صَدِيقَاتٌ، كُلُّنَا أَخَوَاتٌ، كُلُّنَا حَبِيبَاتٌ، هَيَّا بِنَا نَلْعَبْ).

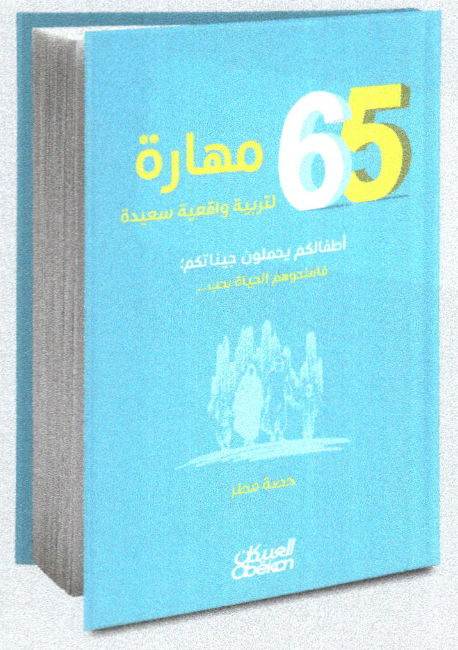


- هـل طفلك يكذب؟ أو يغضب؟ أو يخجل؟
- هـل تجد صعوبة في تنمية الوعي الرقمي لدى طفلك؟
- هل يؤثر موقع طفلك بين إخوته على أسـلوب حياته؟
- ماذا يعني الموت عند الطفل؟
- كيف تربي طفلا تربية صحيَّة؟ وطفلا مسـؤولا؟ وطفلا قارئًا؟
- هل يسـتطيع طفلك تحديد موقعه الجغرافي؟
- هل تطمح بتنمية موهبة طفلك في (الرسـم، الشعر، الأدب القصصـي، التحليل وفق قبعات التفكير الملونة)؟

احصل على
جميع إصداراتنا